선택하지 않는 것들의 선택

장동빈 시화집

선택하지 않은 것들의 선택

장동빈 글 · 공존 그림

기역디

시인의 말

34년을 견디고 끝내 돌아온 단어에게

어떤 몸은
시간보다 먼저 걷는다

계절이 닿기 전,
발자국이 먼저 얼어붙는 곳
단 한 번도 꽃 피지 않은 마음이 심어진다
이름 없이 불린 채,
매일 반복되던 일

세상의 문들은
어두운 쪽을 먼저 열고,
그 문을 닫는 법으로 생이 늙고,
햇살은 한쪽 눈으로만 내리고
무심히 침묵처럼 등을 껵는 비

책상 위에 오른 적 없는 손
흙 속과 종이 밖에만 머물던 단어들
그 단어들이 걸음을 끌고 다닌다
말이 되지 못한 언어들이
붙드는 심장,
걷지 않은 길 위에서
시가 입술 대신 몸으로 외워진다

매일이 구부러지고,
풍경은 눈이 아닌 귀로 기억되고,
눈보라는 심장으로 들려온다
다짐은 무릎 아래서 자라고,
기도는 무릎보다 낮은 곳에서 생긴다
그 기도는,
끝내 말이 되지 못한 뼈의 구조

손끝에서 벗어나지 않은 말
이제는 몸을 감싼다
입은 것은 옷이 아니라
수없이 다친 날들의 결
그 벗겨짐은
다시 시로 돌아가는 일

벼랑 끝에서 쓰인 시는
자신을 구하러 온 단어로 남고,
그 단어는
한 사람의 등을 조용히 비추는
저녁빛이라는 사실

목차

시인의 말 - 34년을 견디고 끝내 돌아온 단어에게　　004

1부 / 모두가 모른 척할 때, 내 안의 마음이 먼저 흔들렸다

마음아 마음아　　012
무지개 칸타타　　016
무아(無我)　　020
생각의 파도 - 시간을 걷는 시　　021
뒷모습의 철학　　022
완벽히 다른 같은 결　　026

2부 / 몸은 솔직한데, 우리는 자꾸 참는 법부터 배운다

몸의 언어 - 몸살이 주는 삶의 의미　　032
감기와 인생의 평행이론　　033
불1 - 불의 언어　　036
불2 - 틈　　038
불3 - 숯의 시간　　040
불4 - 입 없는 날들　　042
불5 - 이름의 재　　044
불6 - 물의 방식　　046
불7 - 다시, 불　　047

3부/사랑은 때로, 그리움이라는 이름으로 돌아온다
 인연 방정식 - 사랑   050
 자작나무   054
 철쭉꽃 가득 핀 정원을 거닐며
      - 가래떡과 철쭉의 양자역학   055
 감자꽃   056
 장미   057
 나팔꽃 안녕   060
 마음 바람   064

4부/봄이 와도 네가 오지 않으면, 그냥 겨울이다
 봄이 오면   068
 여수 - 선소에 서면   070
 정읍역 1   071
 그리움이 지나가는 선 - 김제 지평선 이야기   072
 정읍역 2   074
 겨울나무   076
 설중매   077
 보름달   080
 삼월의 눈   084
 봄날은 간다   086
 봄비가 된 쇼펜하우어   087
 봄 에필로그   090

5부 / 지나고 보니, 가장 시 같던 순간은 평범했던 날들이었다
  통념에서 멀어지는 법 - 그림 속에 머무는 시간　094
  상광루　098
  단순한 열정 - 아니 에르노와 커피　100
  중간의 철학 - 토요일 저녁의 얼굴　104
  순기능적 시간론　108

6부 / 남의 시선에 눌릴수록, 나답게 살고 싶어졌다
  우주의 바닥 - 꿈으로 가는 길　112
  가위　116
  기도　120
  낙타 신드롬　124
  지하철 1호선　126

7부 / 말보다 먼저 닿는 건 언제나 마음이었다

아름다운 그리움만 남기고 가자	130
발자국의 고백	132
너를 향해 기우는 그림자	134
초승달	135
입술에 머무는 바람	138

에필로그 / 삶은 결국, 내가 선택하지 않은 것들로 완성되었다

태양빛	142
동백꽃	144
섬	148
너를 기다리는 동안	152
바람의 역설	154
표류	158
앞으로의 나에게	162

평론 /

장동빈 작가의 두 번째 시집   168
-미디어 아티스트 · 철학 강사 박상훈

1부
모두가 모른 척할 때
내 안의 마음이 먼저 흔들렸다

마음아 마음아

높이 걸려있는 창문
마음보다 큰 심장이 뛴다

주먹손으로
표정 없이 서서 눈을 감은 채

나무보다 큰 아버지
멀리 서 있는 어머니
가지가 보이지 않는 키가 큰 나무
높은 담벼락이 감싸고도는 집

집을 떠나려 한다
창문도
동백나무도
넓은 마당도 지우고
노란 대문 지나서 골목길 돌아

살아 가련다
눈을 뜨고 손을 펴
나무에 앉은 새도 보고
하늘을 보며 그렇게

마음아 마음아 / Mixed media on Canvas / 30F / 2025

무지개 칸타타

비가 음표처럼 내리고,
악보처럼 펼쳐지는 무지개,
소리를 만드는 빗방울들
조용한 봄비 속 작은 음표들이
연주하는 멜로디

하늘은 오케스트라의 지휘자,
구름은 그의 손끝에서 뛰어다니는 음표들.
빗방울은 차곡차곡 음악을 만들고,
무지개는 그 음악의 높은 절정,
아름다운 하모니의 색채를 담은 악보

비가 멈출 무렵, 조용히 사라지는 음표들,
하지만 오래도록 기억될 멜로디,
악보가 하늘에 펼쳐지며,
아름다운 공연의 막을 내린다

무지개 칸타타 / Mixed media on Canvas / 30F / 2025

무아(無我)
- 나에게로 또다시

1. 집착
오늘은 오고 싶어 하지 않는 어제와
오늘로 오고 싶어 하는 내일이
정면 같은 벤치의 뒷면에 기대어 하늘을 본다

2. 인연
보고 싶다는 어제가
떠나고 싶다는 내일이
보고 싶어 떠나고 싶은 오늘이
빛의 각도가 정해진 그림 속에서
그림자가 되어 길어진다

3. 무상
이미 닳아 없어진 어제를 오늘이 잊고
오늘을 잊은 내일이
어제와 내일과 다른 나의 오늘이
어느 공원의 동상이 되어 울고 있다

생각의 파도
-시간을 걷는 시

세월의 강물이 스며드는 어둠 속,
헤매는 생각의 미로
한 흔들림, 한 숨결마다,
짧은 순간에 길드는 존재

순간을 놓치지 않으려 애쓰지만,
언젠가는 생각의 파도에 휩쓸려,
기억을 따라가며
사라지는 흔적

삶은 희미한 빛으로 가득하고,
시간의 파도와 함께 부서지는 육신
어둠 속에서 빛을 찾는 영혼
시를 쓰기 위해 사는지
살기 위해 시를 쓰는지

마음을 따라가며,
이야기는 인생과 함께 흐르고,
결국 끝없이 걷는 존재의 여정

아무시라도 쓰자
영원한 공존의 숲속에서

뒷모습의 철학

떠나는 그 뒷모습을 바라보고 있노라면
시간은 마치 흐르지 않는 강물 같아,
오히려 내 발목을 붙잡는 것은 너의 흔적이다

함께했던 시간들은
이제는 돌이킬 수 없는 과거가 아니라,
지금 이 순간에도 가슴 속에 흐르는 현재다

뒷모습 속에서 나를 발견한다
멀어지는 네가 아니라,
붙잡고 싶지만 붙잡을 수 없는 마음을

너의 뒷모습은 거울이다.
내가 미처 보지 못했던 내면을 비추는,
침묵 속에 감춰진 고백을 반사하는.

네가 사라질수록 더 깊어진다
이별이란 사라짐이 아니라,
더욱 선명해지는 존재의 증명임을 깨닫는다

이제 너는 저 멀리 사라졌지만
나는 여전히 그 자리에서,
네 뒷모습의 여운을
긴 침묵처럼 끌어안고 서 있다

뒷모습의 철학 / Mixed media on Canvas / 10P / 2025

완벽히 다른 같은 결

돌의 무늬를 베낀 물결,
같은 듯, 다른 듯
겹쳐진 자국들

시인의 붓 끝에 머문
같은 거 같은 마음
같음은 잔상일 뿐
되돌아오는 차이의 메아리

경계가 흐려지는 틈,
자국 없는 얼굴,
겹쳐지는 숨결,
사라지는 의미

슬픔을 닮은 기쁨,
기쁨을 닮은 슬픔,
끝내 이름을 잃어버린 감각

같다,
다름의 울림 속에서
되돌릴 수 없는
완벽히 다른 같은 결

완벽히 다른 같은 걸 / Mixed media on Canvas / 10P / 2025

2부
몸은 솔직한데,
우리는 자꾸 참는 법부터 배운다

몸의 언어
-몸살이 주는 삶의 의미

얼어붙은 강물처럼 흘러가는 육체
바람이 피부를 찌르듯,
살을 쓸고 지나가는 어둠의 손길

삭신에 퍼지는 고요한 산들바람
어두운 기운을 남기는 폭풍 같은 외침
미주알까지 느껴지는 끈적이는 잔인함
눌러 앉히는 하루의 무게

어지러운 풍경이
눈앞에 번져 나가
숨이 턱에 맴도는 것을,
냉기의 서막이 몸 안에 불타오르는

몸뚱이가 떨릴 때,
세상은 더 깊게 들려오고,
갈라져 나가듯이 느껴지는 삶

몸의 언어가 되어
존재하는 것을 느끼는 그런 순간

감기와 인생의 평행이론

말이 끊겨 목이 막힌 채로,
앞을 향해 어떤 길이 있는지 알지 못한 채로,
어둠을 헤쳐 나가며,
미로에 갇혀있는 듯한 마음

내면의 갇힘과 외부의 장애,
모두 헤어나기 어려운 순환의 미로,
시간이 정지한 듯한 감각
돌담으로 막힌 순환의 인생

어둠의 끝엔 언제나 빛이 있듯이,
말이 막힌 목소리도
언젠가는 찾을 길

인내와 희망으로,
언제나 앞으로 나아가며,
모든 어려움과 고난을,
삶의 여정으로 받아들이듯이 일시적이라도

감기와 인생의 평행이론 / Mixed media on Canvas / 10P / 2025

불1
- 불의 언어

혀를 가지고 있다
혀는 언제나 젖어 있다

하지만 결국 타오르고,
식탁 위의 사과는
입맞춤 이후
붉게 멍들었다

어머니는 말없이 국을 끓였고
입속에서 자라나,
말은 없지만, 타버린 이름

침묵은 재가 되고
재는, 가장 정직한 거울

따듯하게 품었고,
그리고 무릎을 잃었다

욕망은 주어지지 않고

오직 타오르는 틈만이,
그 틈에 눕고
밤마다 바뀌는 형체

불은 물을 사랑하지 않지만
끝내 물에서만 죽는다

불2
- 틈

말이 지나간 자리엔
무언가 항상 남는다

창틀에 앉은 먼지처럼
입술 안쪽에 박힌 멍처럼

듣지 않았고,
말하지 않았고,
그때마다
방은 조금씩 기울었다

가장 조용한 순간마다
불은 그 틈으로 스며들었다

껴안았고,
품 안에서 식었다

입술은 닫혀 있었지만
입김이 있었다

말은 아니지만, 뜻은 있었다

여전히 그 틈에 눕는다
벽과 벽 사이, 이름과 얼굴 사이
아무것도 되지 못한 채

불은 사라지지 않는다
그저 입을 다문 채, 안쪽으로만 번진다

불3
- 숯의 시간

다 타고 나서야
불은 모양을 갖는다

숯은 말이 없다
그러나 다가온다
손끝에 남는다

한때 뜨거웠던 것들은
말없이 눌러지고
그 자리에 태어나는 그림자

그 앞에서
말을 삼켰고
뒷모습을 기억했다

다시 만나지 않았고,
같은 방 안에서
서로를 피했다

시간은 숯처럼 남는다
식은 듯하지만
완전히 식지 않는 것들로

그때의 말
그때의 얼굴
그때의 입김

아무것도 타오르지 않는데
아직도, 검게 남아 있다

불4
- 입 없는 날들

입이 사라진 건
말을 멈춘 이후가 아니었다

그보다 오래 전
말이 나를 벗어났을 때

침묵을 배웠고
침묵은 엄마를 기르지 않았고

입술은 자꾸 마르는데
말은 돌아오지 않았고

손끝으로 문장을 썼고
눈빛으로 의도를 흘렸고

누군가는 고개를 끄덕였고
누군가는 아빠를 지나쳤고

그 모든 날들이

불처럼 뜨겁지도
숯처럼 남지도 않았고

거울은 없었다
다만, 없는 입의 모양을
입 바깥에서 흉내 내고 있었다

불5
- 이름의 재

누군가 이름을 불렀다
그러나 그 이름에 대답하지 않았다

그건 나를 가리켰지만
나를 부르진 못했다

오랫동안
타인의 입에 붙어 있었고
그 속에서 서서히 식었다

그들은 불렀고
그 불림에 타올랐으며
끝내 재가 되었다

불의 언어는 사라졌고
그 언어의 재가
얼굴에 내려앉았다

혀끝이 먼저 기억했고

입천장이 거부했고
목구멍이 끝내 삼켜버렸다

불렀으나
대답 없는 이름,
가장 오래 남아 있던 곳은
자신을 말하지 못한 자리였다

불6
- 물의 방식

물속으로 걸어갔다
불이 가장 조용히 죽는 방식으로

멈추지 않았고,
이미 타버린 것은
식는 것을 두려워하지 않았고

잔잔한 물 위로
떠다니는 말들

젖은 입술이 말하지 못한 것들이
처음으로 무겁게 가라앉았다

물속에서 사라졌고
그 안에서 다시 불붙었다

불은 사랑받지 못한다
그러나 물속에서만
제 목소리를 가진다

불7
- 다시, 불

모든 것이 식었다고 믿은 날
입은 닫히고
이름은 불리지 않았으며
끝내 흩어졌다고 여긴
혀끝에 남은 문장 하나

그러나 다시
작은 열이 있었고,
말이 되지 못한 무언가가
가만히 입안에서
몸을 데우고 있었다

그 열을 부르지 않았고,
다만 입을 다문 채
그것이 스스로 불이 되는 것을
지켜보았다

불은 다시 왔다
이름도 없이

문장도 없이
그저 따듯하게
그저 천천히

그렇게
다시,
식지 않는 것을
품게 되었다

3부
사랑은 때로,
그리움이라는 이름으로 돌아온다

인연 방정식
-사랑

오른쪽 뒷주머니에 들어간 왼손
구슬처럼 만져지는 몽글몽글한 마음

가을이 봄으로 다가오는 여름
손과 입술을 건너
한나절이 멀어져
더욱 가까워지는 젖은 마음

날카로운 키스의 궤적을 지나서
느낌이 가로지르는 축
시간 속으로 흘러가는 떨림

안개에 젖은 태양이 마른 입을 적실 때
시집을 물고 날아가는
이름 모를 새에게 외쳐보는
절절한 인연 방정식

다시 오지 않을 그 시간과
다시 올 그 시간을 풀어가며

인연 방정식-사랑 / Mixed media on Canvas / 10P / 2025

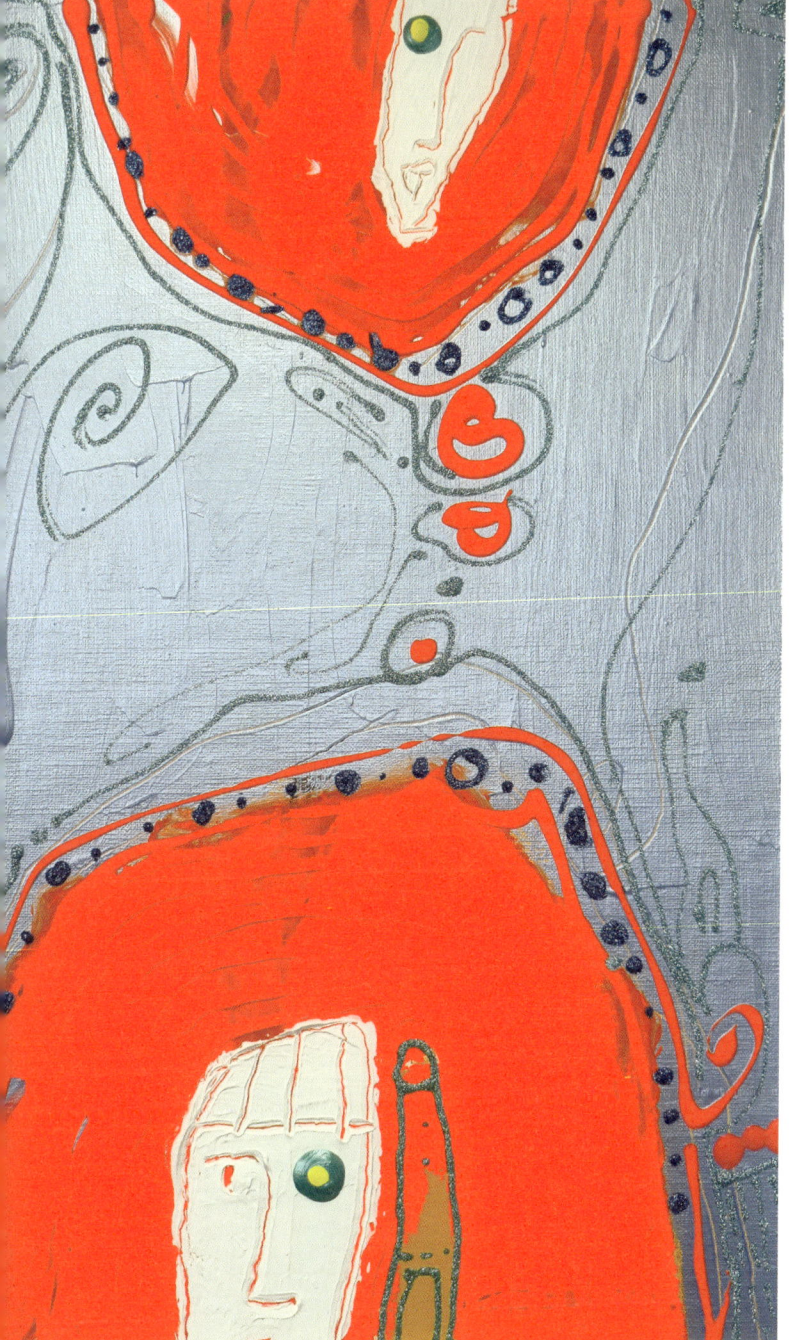

자작나무

하얀 껍질 위,
고요히 바람을 읽는
세월이 흘려놓은 자국들

홀로 서면
길 잃은 달빛처럼 쓸쓸하지만
여럿이 함께 선 모습은
겨울마저 따뜻하게 스며든 수채화

서로의 그림자가 되어
눈발을 견디고
비로소 숲이 되는 나무들

너와 나도
그렇게 함께 서서
시간을 견디어 가자

철쭉꽃 가득 핀 정원을 거닐며
-가래떡과 철쭉의 양자역학

성당에서 산 가래떡
담백하게 한 입 베어 무니
들려오는 어머니의 속삭임

입안으로 스며들면,
철쭉꽃 향기 가득한 시간의 정원

쌀가루가 방앗간에서 춤추듯 흘러나와
기억처럼 펼쳐지며
들기름 입고 쌓여가던 가래떡

쌀알 한 알 한 알이
부드럽게 빻아지며 뭉쳐지고 길어지는
엄마의 손길

방앗간은 엄니의 마음이 깃든
추억이 피어나는 정원
마지막 가래떡 한 입이 넘어가며
아련히 어루만져지는 바닥에 떨어진 꽃잎들

감자꽃

가뭄에 갈라진 땅
바람에 날리는 각질

봄 고개 넘어
견뎌온 시간

이랑 가득 나부끼는
흰 치맛자락

다른 집 남정네들은 반기는데
빚쟁이 보듯 바라보는 우리 서방

*당신을 따르리라
애먼 약속만 피어올라

떠나보내는 아픔 뒤로
여우비 내려
아랑 아랑 부푸는 아랫배

*감자꽃 꽃말

장미

옛 시인의 느린 말로 써 내려간
산과 같은 저 꽃잎 하나의 무게
둔감한 세월을 헤치며
불꽃처럼 피어나는 꽃

장미 / Mixed media on Canvas / 6P / 2025

나팔꽃 안녕

땅의 노래가
보라색 축음기에서 흐른다

공간의 역설이 만들어낸
아침이슬 깨우는 음표
바람에 박자를 맞추는 가녀린 팔

시간의 칼날 위
흙의 모성이 만드는
발길 붙잡는 선율
그 속에서 만나는
멈춰 선 발끝에 물드는 소리

친구들과 누비던 들판,
어릴 적 엄마와 아빠와의 시간이
뒹구는 쓰레기 틈 속에서의 버스킹,
노래하는 버려진 액자들

오늘은 꽃망울을 피웠지만
장담할 수 없는 내일
아무 원망도 없이
지나는 인연마다 반갑게 흔드는
쓰레기 더미를 헤치고 나온 여리디여린 손

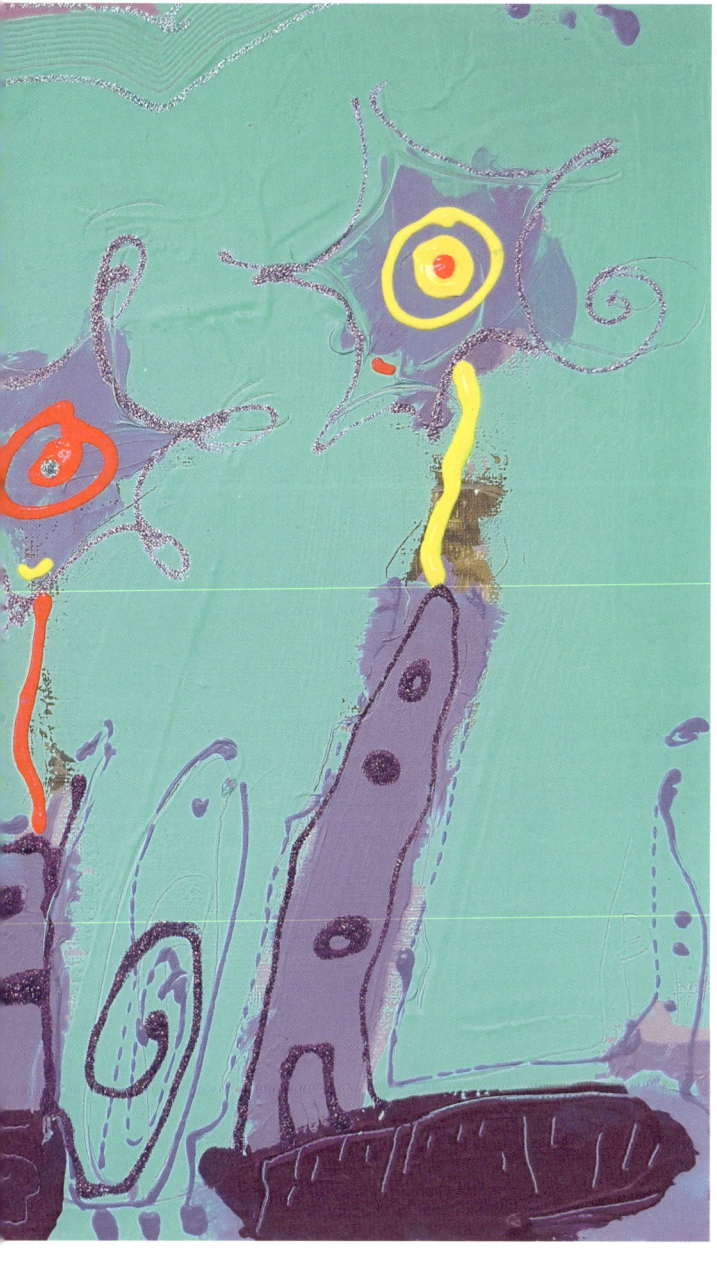

나팔꽃 안녕 / Mixed media on Canvas / 10P / 2025

마음 바람

바람이 분다

산책길 손바닥에 부딪히는
부드러운 들바람

이른 아침 아름다운 새소리와 함께
창문 넘어 불어오는 상쾌한 틈바람

장맛비 머금어 살포시 만져지는
습한 흘레바람

이별을 뒤로하고 얼굴 흐르던
눈물 달래주던 슬픈 솔바람

등굣길 앞서가는 소녀의 향긋한
샴푸 향 실어오던 설레던 실바람

매 순간 불어오는 바람
변하는 건 바람이 아니었다

한지 위의 수묵화처럼
바람은 한결같이 불고 있었다

변하는 것은 마음이었다
마음이 바람이었다

오늘은 마음 바람이 분다

4부
봄이 와도 네가 오지 않으면,
그냥 겨울이다

봄이 오면

눈은 아무리 소복이 쌓여도
봄이 오면 흔적을 남기지 않는다

어제의 차가운 한숨,
오늘의 뜨거운 눈물조차
햇살 아래선 강물이 되어 흐른다

시간은 물과 같아서,
한때는 뼛속까지 스며드는 얼음이지만
또 다른 날에는
땅을 적시고 꽃을 피우는 비가 된다

기억하라! 눈물로 얼룩진 오늘을,
그 고단함조차
믿어라! 내일의 무늬를 새길 씨앗임을

눈이 녹아야만
땅속의 싹이 고개를 든다
추위 속에서 움츠린 오늘이

그리운 봄의 자취가 될 테니

우리는 눈 속에 서 있어도
봄을 기다리는 씨앗이다
아무리 깊은 시련이라도
결국 시간이라는 태양 아래
모두 녹아 사라지리라

그러니,
오늘의 시련 앞에 머물지 말고
눈 너머의 봄을 기억하라
모든 고통은 지나가는 바람일 뿐,
우리의 삶은 끝내 꽃으로 피리라

여수
-선소에 서면

시선의 끝에 머물던,
느낌의 한가운데 떠 있던 구름
물결 위에 부서지는 짜릿한 감각
시간의 틈으로 날아오르는 파랑새

몸으로 써 내려간,
때가 되면 눈물 젖게 하는
돌 하나 하나에 새겨진,
풀꽃 송이송이 마다 핀 향기

코끝 찡해지는
가득한 바다 내음

발자국만 남아 있는 이곳에
날카롭게 서 있는 햇빛

날 선 햇살에도
상처를 낼 수 있는 건
님의 기억뿐

정읍역 1

마음에 단풍이 든다
다가가는 동안
기차에 발을 올리는 순간
붉고 붉게

물들어 오는 기억들이
지평선을 넘어가는
김제를 지날 때
홀로 기억되는 둘의 시간
둘로 기억되는 하나의 시간

광장 가득한 정읍천 물 향기
반가운 정읍사 망부석,
소풍 가던 아양산,
자전거 타고 가던 내장산,
백 년의 그리움
시기동 성당 종소리 아득해지는
정읍역에 내리면
마음속 가득해지는 고향

그리움이 지나가는 선
- 김제 지평선 이야기

그림자를 던지며
배가 멀리 떠나가듯
끝이 보이지 않는 시간처럼 아득한
그러나 언젠가는 만나는
땅과 하늘의 이야기

지나가는 바람이,
평야에 흩어진 시간이,
언젠가 보았던, 다시 만날 해가 되어
달려가, 선 너머로

인연은 바다와 같이
나긋나긋 흐르며
어딘가로 이끌어 주는
마치 끝없는 이야기

허기진 석양을 바라보며
같은 의자에 앉아
끝과 끝이 만나 시작되는
마음과 다른 마음의 고향

그리움이란
만날 수 있다 하여도
기대할 수 없는 인연
그 이야기를 품고 있는 지평선

정읍역 2

어느 역은
도착이 곧 이별인 이름
정읍역은 언제나
돌아온 것처럼 울리는 기적

기차에서 내리면
첫 발 밟는 플랫폼 위로
내장산의 붉은 잎들이
꼭 다문 입술처럼 흔들렸다

단풍이 물든 건
나무가 아니라,
기다림이라는 말을
너무 오래 품고 있었기 때문

정읍천을 건너던
어린 나의 맨발은 어디쯤 놓아두었을까
왕솔밭 그늘 아래서
소풍 도시락의
희미한 쓸쓸함 같은 달걀 하나를

반으로 쪼개 먹던 친구는 지금 어디에

아양산 능선을 타고 내려온 바람은
내 어깨에 고요히 내려앉아
말없이 계절을 흔들었다

정읍사는
사랑의 노래가 아닌
기다림의 침묵,
이곳에 남는다는 것은
무릎을 꿇은 문장들 속
긴 시간 묵언의 기도

고향이란 말은
사람이 아니라,
잊지 못한 풍경에게 건네는
그리움의 편지이자
다시 오지 않을 계절을
망부석이 되어 기다리는 정읍역이어라

겨울나무

몸에 걸친 모든 것을
털어 버린 채
동토에 마음을 묻고
화려했던 지난날의 추억과
바짝 마른 앙상함 만으로
우뚝 선 들판

얼어붙어 멈춰 선 시간 사이
헤아릴 수 없는 고독과 사랑하며
뱉어내는 침묵의 함성

솟대처럼 솟은
우듬지 파랑새의 날갯짓

나를 느낀다
꿈이 되어 버린 봄을 가슴에 품고
겨울바람과 치맛자락 휘날리며
왈츠를 추는 너에게서

설중매

눈보라가 몸을 베어도
서둘러 피지 않는 꽃

한 줌의 눈을 품고도
그저 붉게 타오를 뿐

찬 기운 속에 숨죽여
봄을 부르지만,

아무도 몰라도 좋다
꽃은, 이미 피었으므로

설중매 / Mixed media on Canvas / 10P / 2025

보름달

달이 운다

봉숭아 물들 듯
서서히 물오른 보름달

늦가을 잘 물들다 지기 전
첫눈 내리면 소원을 이룰까

어둠에서 시작된 빛을 꼬투리 삼아
저물지 않으면 좋으련만
숨쉬기조차 힘든 이별이
다시금 만날 수 있는 인연이 되기를

빛을 머금고 낮이 그리워
눈물 한 방울 별이 되고
눈물 한 방울 새벽이슬이 되고

차오를 대로 차오른 달이 운다

보름달 / Mixed media on Canvas / 10P / 2025

삼월의 눈

목련이 피어 있었다
어쩌면 너무 일찍,
너무 하얗게

오후 세 시,
예배당의 종소리보다
먼저 내리는 눈

함박눈 그 눈이,
삼월 말의,
늦은 계절의 변심처럼
피어난 목련을 조용히 덮고

목련은 꽃이 아니라
내가 말하지 못한 문장 같았고

눈은, 그 위에 내린
오래된 침묵

사랑한다는 말을
한 번도 꺼내지 못한
그 봄날처럼

너무 늦게 피어나는 것들은
너무 일찍 지고 만다

봄날은 간다

봄날은 간다, 속삭임처럼
부드러운 바람 속에 섞인
초록의 숨결, 꽃잎 사이로
흘러가는 시간의 발자국

아직은 따스한 햇살 속에
한 줌의 슬픔을 묻어둔 채,
눈물처럼 맑은 이슬을 털고
새벽을 여는 꽃들의 노래

그러나 봄날은 간다,
가슴 속 깊은 곳에 남긴
사랑의 흔적을 쓸어내며,
잠시 머물다 떠나는 바람처럼

유리창에 맺힌 빗방울처럼
어렴풋이 스쳐가는 그리움,
봄날은 간다,
다시 찾아오리니

봄비가 된 쇼펜하우어

봄비,
쇼펜하우어의 묵상 같은,
욕망의 그림자를 씻어내리는.
도시 위, 잠시 멈춘 시간,
물방울 속 반짝임을 통해
바라보는 존재의 깊이

욕망은 잦아들고,
잎사귀 위를 흐르는 빗방울
순수로의 회귀
이 순간, 세상은 욕구를 넘어
단순하고, 아름답게만

봄비가 내리는 동안,
자연의 순환 속에서 발견하는 자신,
평화를 느끼는 연결된 존재들
이 시간, 이 빗방울 속
잠시나마 맛보는 진정한 자유

봄비가 된 쇼펜하우어 / Mixed media on Canvas / 10F / 2025

봄 에필로그

꽃이 진다고 하네요

봄이 왔다고 꽃구경 가자 하더니
벌써 꽃이 진다고 하네요

혹여 사실일까 뒷동산 가보니
목련이 흐드러진 꽃잎을 못 이겨
땅에 툭 내려놓고
꽃구경 오라 하네요

꽃잎 내려놓은 목련은 허전한 듯
봄바람에 고개 흔들고
집어 든 소녀의 손끝에서
다시 피어나는 봄

반가워할 틈도 없이
보내야 하는 마음은
아직은 육감적인
떨어진 꽃잎을 보며
잡아보는 봄의 뒷덜미

꽃은 지지 않습니다
꽃이 진다고 하지 마세요
다만 시간이 져갈 뿐

5부
지나고 보니 가장 시 같던 순간은 평범했던 날들이었다

통념에서 멀어지는 법
-그림 속에 머무는 시간

거실 벽에 걸린 그림 앞에서
휩싸이는 감정의 파도

채도 높은 색채가 공간을 채우며,
파동으로 전해오는 고뇌

공감의 향연을 이끄는
화가의 손길
빠져드는 캔버스 위의 이야기

느낌을 자극하는 물감 위의 모험
색과 선이 어우러진 공간
솟아나는 기름기 가득한 영감들

통념과의 치열한 사투가 담긴
공간에 채워진 터치
고요한 순간을 간직한 격한 표면

그림을 향해 머물며,
열리는 마음의 문
밀려오는 그린 이의 시간

통념에서 멀어지는 법 - 그림 속에 머무는 시간 / Mixed media on Canvas / 10P / 2025

*상광루

빛과 바람이 모이는 곳
호랑이가 지키는 통인의 문에 들어서면
얼굴이 작은 테너의 가이드를 따라
스페인 그라나다의 알람브라궁전을 가고
신화를 그린 그림을 보며
토스카 성의 추억을 노래한다

통인 상광루
배고픈 동자 석상 야릇한 미소
노래하는 담장 위의 닭들
오랜 만휘군상이 모여
매콤한 오곡 주먹밥처럼
맛깔스러운 삶의 맛을 만들어 내는 통인가게

우리가 생각하고 실행하는 일들이
세상 아름다움의 근본이 되고
바른 문화의 바탕이 되기를 바라는
통인이라는 이름으로
백 년의 세월이 머물러 익어가는 곳
통인 주인이 지키는 인사동 통인가게

빗물받이 수저에 채송화 가득 필 때
회색빛 가득한 서울 가운데
꽃으로 피어나
오늘과 내일의 향기로 피어오른다

*인사동 통인가게 옥상정원

단순한 열정
-아니 에르노와 커피

한잔의 커피를 마시며
시간은 멈추고
과거의 기억과 미래의 상상이
강타하는 마음

단순한 커피 한 모금
기다리는 것 말고는
함께 먹는 쿠키 같은
내면을 탐색하는 여정의 시작

순간의 즐거움이
깊은 감정을 불러일으키고
다른 세계로 끌어들이는

한잔의 커피는
열정의 새로운 시작
단순함 속에 숨겨진 의미의 발견

기다림이 끝나는 순간들에서 발하는 빛
평범한 것들 속에서
발견한 숨겨진 아름다움

단순한 열정 - 아니 에르노와 커피 / Mixed media on Canvas / 20P / 2025

중간의 철학
— 토요일 저녁의 얼굴

오늘은
어제와 내일 사이의
가장 연약한 다리,
토요일 저녁

달력은 침묵했고
시계는 알면서도 모른 척
한 시간을 두 번 세고,
중간에 앉아
커피를 식히며 생각한다

'남은 것'이 아니라
'곧 사라질 것'이라는 이유로
더 달콤해지는 휴일

하루 전엔 노동을 욕했고
하루 후엔 쉼을 의심할 것이다
그러니 지금,
이 미완의 시간 속에

식은 커피 옆에
완성된 시간을 놓아둔 채,
부서진 것들에 온기를 붙들고,
쓸쓸함을 껴안은 채로

토요일 저녁,
가장 인간적인 얼굴로
바라보는 시간

중간의 철학-토요일 저녁의 얼굴 / Mixed media on Canvas / 10P / 2025

순기능적 시간론

상대적 시간이
외줄 타기 하는 관계의 사이사이
시퍼렇게 생사의 날이 설 때
우리는 응급실에 간다

어디론가 끊임없이 보내는
모스 신호
뚜우 뚜 뚜뚜
삶을 찾아 떠드는 신호들

똑똑 또오똑
링거 호스를 타고
삶을 찾아 떠나는 생명의 물방울들

째깍 째애깍
건강한 시계의 심장 박동 소리
시침과 분침과 초침이 손을 잡을 때
등 배분되는 시간

해열의 시간을 거쳐
도피안의 시간을 지나면
우리는 우리의 사이사이로 다시 들어간다

6부
남의 시선에 눌릴수록, 나답게
살고 싶어졌다

우주의 바닥
-꿈으로 가는 길

우주에 바닥이 있다면
그것은 분명 꿈일 것이다

암흑 물질이 가득한
바닥이 보이지 않는 곳
바닥이 고향인 떠도는 수많은 별 들

아무리 가라앉아도
끝이 없는 추락
쉽게 닿을 수 있다면
바닥이 아닐 것이다

발이 닿지 않는 허공을 떠돌며
언젠가는 다다를 순례길의 끝

위와 아래의
의미 없는 노력 들
어쩌면 우리가 아는 바닥은 바닥이 아닐 수도
바닥을 향해 어쩌면 날고 있는 것일 수도

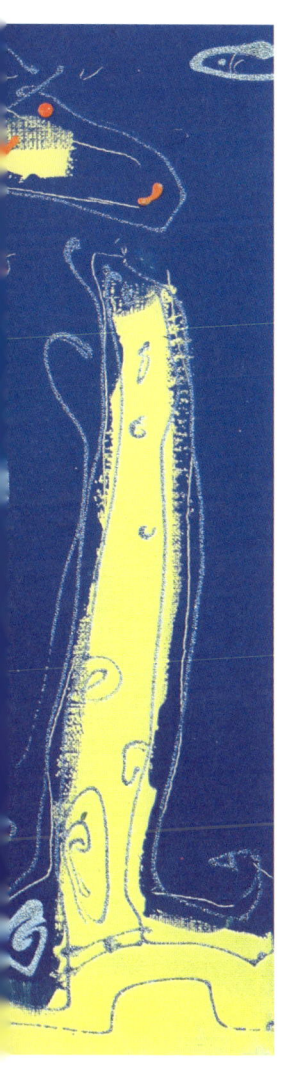

우주의 바닥-꿈으로 가는 길 / Mixed media on Canvas / 10F / 2025

가위

피라미드를 오른다

발아래
빨간 십자가의 파도가 일렁이고
붉은 물결 속에서 태어난
따라 오르는 노란 눈의 염소

사과를 한입 베어 물은
눈이 없는 사람
머리를 짓이겨도
저당 잡히는 발목

끝없는 징벌 같은
내 손조차 삼켜버린 어둠

무서움조차 희열이 된 지 오래

어깨를 툭 부딪치고 지나가는
누군가에게 순간을 빼앗겨

눈을 뜨고 바라볼 뿐

첨탑에 다다랐을 때
뒤틀어진 아슴아슴한 강을 건너
긴 혓바닥이
내뱉는 알 수 없는 말

그것은 기도였을까

어둠은 깨지고
나와 빛과의 거리만큼 먼
손가락으로 숨을 쉬고 있었다

가위 / Mixed media on Canvas / 10F / 2025

기도

사과를 베어 물었을 때
입과 사과의 거리는 얼마일까

단맛을 느끼기도 전에
모닥불 속에 던져지는 혀

타닥타닥 타닥타닥
혐의를 모른척하는 불꽃이
층계참 없는 계단을 타올라
다락방에 이르러 말들을 풀어 놓고

장미보다 더 붉은 열꽃이 핀
부둥켜안은 장작들 사이
타지 않는 꿈틀거리는 혀들

기억이 소실된 조건들
달궈진 혀의 심장을 볼모 삼아
돌기에 새겨진 실수를 지워 간다

쓴맛을 느끼기 전 시작된 언어가
사과나무에 주렁주렁 다시 열린다

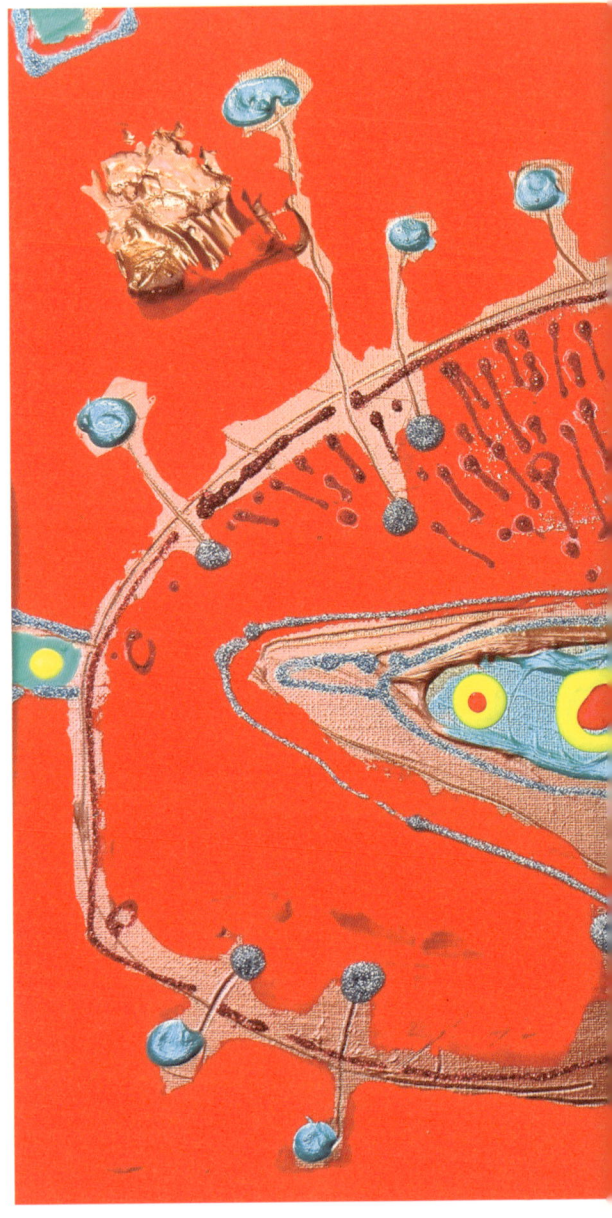

기도 / Mixed media on Canvas / 10P / 2025

낙타 신드롬

낙타가 사자가 되어
온 도시를 헤맨다
닥치는 대로
사람들을 헤친다

낙타가 사자가 되고
사자가 사람이 되어
먹잇감을 찾아 날뛰고

사자가 된 낙타를 두고
세상은 말이 많다
물린 사람도 있다고
말하는 사람도 있다
하지만 사자를 본 사람은 없다

정작 사자는
끝없는 사막
별 따라 걷던 낙타로
돌아가고 싶어 할지도 모른다

사자는 다시 낙타가 되고 싶어
더 사납게 울부짖고 있을지 모른다

팬데믹 사태를 지나며 적었던 글
이기적인 마음보다
서로 배려하는 마음으로 이겨냈으면 하는 간절한 바램으로

지하철 1호선

그건 길이 아니다
시간을 꿰맨 봉합선 같았고,
누군가는 팔짱을 끼고 서 있었고,
누군가는 말 없이 창밖을 바라보았으며,
누군가는 이미 도착하지 않은 곳에
다다른 얼굴이었다

창틀엔 바람이 없고,
유리엔 하늘이 없고,
전철은 미끄러지듯 진행한다
삶의 뿌리가 잠시 뽑혀 있는 동안

좌석은 비어 있지 않고,
허리를 접은 하루들이 앉아,
어떤 피로는 다리보다 목덜미에
더 무겁고,
누군가의 입술은
말이 아닌 요금을 삼키고 있다

하강하는 손잡이들,
붙들릴까봐 두려워지는 거리
서 있는 것이 아니라
어디에도 도착하지 않기를 바라는 자세

차창 밖은 언제나 역이다
역이란, 도착이 아니라
누군가 내리고 난 자리의 이름
목적지는 붙들리는 게 아니라
하루만큼 놓아지는 것

이따금,
서로 다른 이유로 탄 사람들이
같은 정적에 앉아
누구도 부르지 않은 방향을 향해
고개를 떨군다

철은 굽지 않지만
그 위를 지나는 마음은

자주 어긋나,
몸보다 먼저 무너지는 건
말의 순서고, 생각의 지연이고,
지문도 찍히지 않는 어떤 슬픔

이 열차는
사람이 타는 게 아니라
지워지는 풍경이 스스로를 태우는 것

오늘도
도착하지 않는 방향으로
내리는 법을 연습한다

7부
말보다 먼저 닿는 건 언제나 마음이었다

아름다운 그리움만 남기고 가자

목련 필 때 태어나
목련이 질 때 가자
툭! 별똥별처럼 떨어질 때
소원을 빌며 가자

진달래 필 때 태어나
진달래 가득할 때 가자
분홍빛 물든 동산을 보며
꽃 놀이 하듯 가자

벚꽃이 필 때 태어나
벚꽃이 흩날릴 때 가자
비처럼 내리는 꽃잎을 보며
환호하며 가자

꽃이 필 때도 질 때도
환호하 듯
가는 길 눈물 보다는
아름다운 그리움만 남기고 가자

3월 꽃처럼 태어나
4월 꽃처럼 가신
윤가자 장모님을 위한 헌시

발자국의 고백

침묵의 결론처럼 내려앉은 눈
흙의 울음을 안고 스며든 발자국,
누군가 지나간 시간,
누군가 지나갈 시간,
그 모두가 박제되는 시간의 몸짓

서로 다른 궤적,
각자의 끝을 향해 흐느낀 발걸음들
어떤 이는 숨 가쁘게,
어떤 이는 멍하니,
걷고 또 걸으며 느낀
발바닥 아래 대지의 온기

눈 아래 숨어 있는 흙,
흙이 품은 발자국,
그 사이의 틈에 새겨진
지워지지 않을 기억

눈은 녹아 사라질 테지만
여전히 속삭이는 발자국들
나는 이곳을 지나갔다고,
나는 이곳에서 살았었다고

너를 향해 기우는 그림자

어느덧 나뭇가지 끝에서
몇 겹으로 말라붙은 시간,
햇빛은 오래전에 닿았지만
아직 이르지 못한 그 온기

님은 올 것인가,
바람의 숨결에 묻혀 올 것인가,
눈 덮인 길 끝에서
모래알처럼 흩어지고 있는 새벽

닿을 곳 없이 떠도는 나무,
흙이 없는 땅,
그림자조차 잃어버린 꽃들

여전히 여기에서
너를 향해 기울어진다
언젠가 아지랑이 그림자가
너의 발밑에서 자라날 수 있을까

초승달

달이 흘린 눈물이
샛별이 되어 갈 때
달은 핼쑥한 얼굴로
긴 밤길 무거운 발자국 남기며
도시를 끌고 간다

무한한 별들의 응원 속에
발그레 야윈 얼굴

가쁜 숨 몰아 집으로 향하는
그 길 그 하늘
거친 숨길 성에 낀 궁창에
바람 불어 구름 걷히면
소박한 꿈, 만월
환한 얼굴 떠오른다

초승달 / Mixed media on Canvas / 10P / 2025

입술에 머무는 바람

손등에서 불어오는 바람은
깊이 폐부를 뒤집어
산 자의 고독을 노래하게 하고,
그 떨림 속에서 비로소
침묵 속에 스러진다
아무 말도 하지 못한 채

살 속에 깃든 온도와 그 향기는
이 세상의 사소한 모든 것들을 거부하며,
오직 호흡과 숨결 사이에서
새로운 우주를 창조하는 존재

님의 살 냄새는 목련이 지고 난 뒤
늦봄에도 남아 있는 묵은 바람처럼
천년을 돌아온 기억의 흔적이며,
그 바람은 입술을 훑고 지나가
말라버린 심장을 뒤흔들었고,
그 흔들림에 배우는 홀로 느끼는 둘

입술에 머무른 느낌은 날개짓 없는 새처럼,
떨림 속에서 완전함을 추구하는,
그러나 결코 다다를 수 없는 끝
이 짧은 접촉 속에서,
모든 고독을 이해하며,
그대라는 존재 앞에서 나의 작음을 깨닫습니다

에필로그
삶은 결국,
내가 선택하지 않은 것들로 완성되었다

태양빛

처음엔 따뜻한 약속이었다
뺨을 어루만지는 낮은 온기의 손,
눈썹 위로 춤추는 화사한 축복

그러나 그것을 본 순간,
눈부심은 날카로운 칼날이 되었고
어둠은 태양의 선물이었다

즐거움은 법의 가장자리에 서 있고,
그 빛을 욕망했으나,
그 욕망의 끝에 삼킨 것은 오히려 공허였다

향락은 밝은 채찍,
너무 가까이 다가선 자의 눈을 찔러
영원히 닿지 못할 세상의 어둠으로 밀어낸다

눈은 타버린 채 멀어지고,
그 어둠 속에서 비로소 알았다
태양은 없었다
단지 빛이었을 뿐

동백꽃

가장 붉을 때
가장 뜨거울 때
눈 덮인 땅 위에 흩어진
적멸의 별이 되는 꽃

한 번 붉게 피어올라
사랑한다는 맹세를 품고
먼 지평선 너머로 몸을 던지며
다시 피어나는 불꽃

떨어져 비로소 이루는 사랑

동백꽃 / Mixed media on Canvas / 10F / 2025

섬

떠도는 보지 않은 것들,
지도 위 검은 점 하나,
그곳에선 손을 뻗어도
닿을 수 없는 많은 것들

기억을 부수는 파도
아버지의 얼굴이 지워지고
어머니의 목소리는 짠내 속에 녹아
밤이면 대신 울어주는 달

어디까지가 나였던가
모래알 하나, 바람 한 조각,
섬의 경계는 물속으로 스미며
속삭이는 바다,
너는 너이면서 너가 아니다

언젠가 떠날 것들을 알고,
남겨질 것들의 흔적도 안다
기다리는 것만이 전부라고 믿으며
늘 제자리에 서있는 너

꿈꾸는 손끝에 닿지 않는 육지
닿지 못하는 것이
가장 선명하게 만든다

섬 / Mixed media on Canvas / 10F / 2025

너를 기다리는 동안

네가 오는 시간은
마치 강물 위를 천천히 떠내려가는
나뭇잎처럼
느리게, 너무 느리게

어제보다 먼 오늘을 지나
내일을 향해 가는 발걸음은
한없이 가늘고 투명하다
모래시계 속 한 알의 모래처럼

하지만 너를 기다리는 동안
이미 세 시간 전부터 행복했지
네가 다가올 걸 아는
그 예감만으로도 마음이 환해졌으니까

그러나 오지 말라는 월요일은
벼락처럼 빠르게 다가오며
내 손끝에 쥐어주지도 못한
너의 온기마저 앗아가려 하네

그래도 나는 기다릴 거야
네가 오는 그 순간을 위해
시간마저 잊고
세 시간 전의 행복을 다시 품으며

바람의 역설

바람이 분다
촛불을 흔들며,
두려워 두 손 모아 감싸지만
불꽃만 더욱 흔들릴 뿐

불안에 흔들릴수록,
숨죽여 지키려 할수록,
바람은 더욱 거칠어져
흩어져버리는 붉은 잿빛,
결국 손끝에만 남은 온기

그러나, 문득
불이란 지핀 자국마저 뜨거운 것을
꺼져도 사라짐은 아닌데,
왜 그토록 떨고 있을까

불은 꺼져도 속불씨 지펴지고
바람은 불어도 이내 사그라드니
어쩌면,

불안이란 불꽃이 아닌
다시 지피려는 마음의 주저함일지도

오늘도 바람에 몸을 맡긴다
꺼질지언정, 다시 지필 것이기에

바람의 역설 / Mixed media on Canvas / 10P / 2025

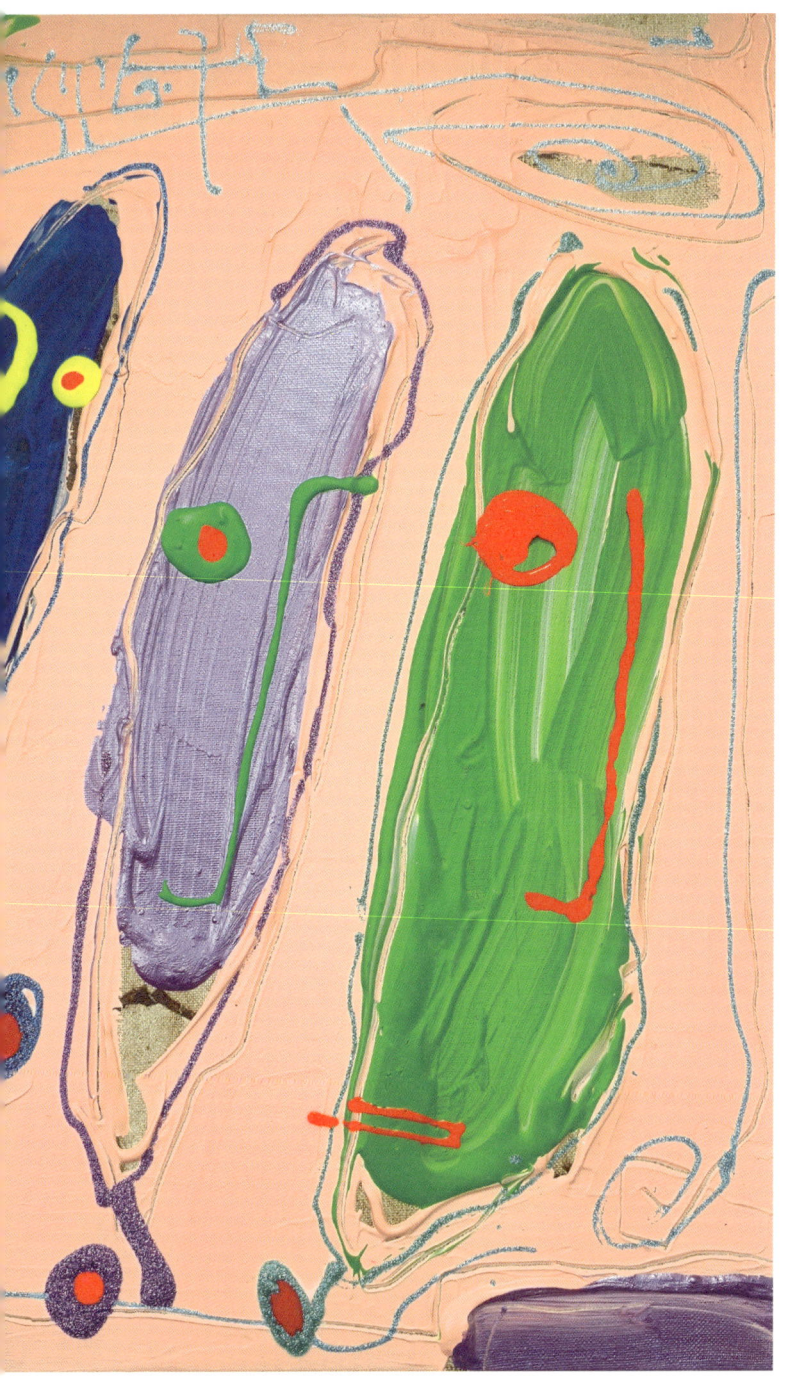

표류

바다와 같은 세상
운명의 바다
정해진 듯 알 수 없는 바닷길

표류하고 있는 시간이 지난 후
어딘가에 내려도 온통 다른 인간들
생각도 다르고, 언어도 통하지 않아
표류할 때가 그리워질지도 모른다

같은 시간을 공유한 사람들이 있는
고향에 가고 싶다

오십 년을 넘게 표류해 오는 동안
만났던 모든 것들이 낯설어
이젠 알 수 없는 귀향길을 그리며
노를 저어 본다

설득하고 정복하려 했던 미련한 항해
이해하고 사랑했어야 했다

물들어 가야 했다
묵묵히 노를 저어 갔어야 했다

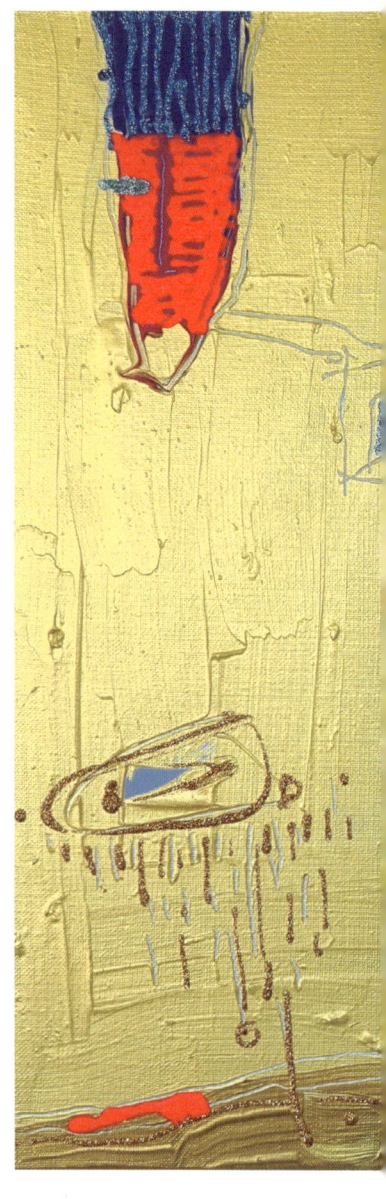

표류 / Mixed media on Canvas / 10F / 2025

앞으로의 나에게

지금까지의 나는
이름 없는 기차역에
몇 번이나 멈춰 선 적이 있다
기적(汽笛)도,
기적(奇跡)도 없이,
오직 어제를 연료 삼아 달렸지만

한 칸씩 비워낸 기억의 좌석,
누가 내렸는지도 모른 채
매번 도착하지 않았다

그래서 이제는
뒤돌아 걷는 법부터 배우려 한다
걷다가 멈추고,
멈추다 피는 나무가 되기로 한다
가지 끝에
내일이란 새가 앉을 수 있도록

다시 태어나는 척 하며
아직 살아 있는 쪽으로 기운다

이제부터 나를 쓸 사람은
나 하나뿐이므로

앞으로의 나에게 / Mixed media on Canvas / 10P / 2025

평론

평론

장동빈 작가의 두 번째 시집

 우선, 나는 전문적인 평론가가 아니다. 아마추어도 되지 못한다. 그럼에도 이 글을 쓰고 있는 이유는 무엇일까. 아마도 장동빈 작가 역시 전통적인 시인이 아니기 때문일 것이다. 하지만, 작가는 나보다 낫다. 그는 최소한 자신의 세계를 만들어가는 일에 망설임이 없으니까.

 군인이 시를 쓴다고 하면 색안경부터 꺼내드는 사람들이 있다. 작가는 그런 사람들 앞에 주눅이 든다. 평생 시를 배운 일 없이 시를 쓴다고 하니, 무슨무슨 계파, 어떤어떤 주의하고 계층적 사고를 자부심인 양 내세우는 사람들에게 할 말이 없는 탓이다. 그의 시는 어떤 선배 시인의 시적 언어를 품지도 않았거니와, '시는 이러이러해야만 한다'는 규칙들 위에 놓여있지도 않기 때문이다. 쉽게 말하면 그에게는 '근본'이 없다. 이 세상은 늘 우리에게 근본을 요구하는데, 시인에게 뿌리가 없다니 얼마나 난감한 것인가. 그래서 그는 늘 수줍다. 주눅 들어 있고, 자신의 시가 세상에 드러나도 될 만큼 영근 것인지 늘 조마조마하다.

 작가는 시를 쓰면 제일 먼저 가족들에게 보여준다고 했다. 그다음은 지인들이다. 하지만, 시인이 바랐던 반응은 돌아오지 않는다. 이쯤 되면, 웬 만한 사람은 그냥 접을 법도한데, 장동빈은 물러서지 않는다. 끈질기게 고치고, 다시 쓰고, 새로 쓴다. 그러는 사이에 그의 시를 보는 사람들이 하나둘씩 늘어나고, 그의 시에 기대어 삶의 곤피를 어루만지는 이들이 생기기 시작한다. 그렇게 작가의 시를 기다리는 사람들의 피드백이 쌓여가건만, 작가는 영 마음을 놓지 못한다. 여전히 뿌리가 없기 때문이다. 뿌리가 없으면, 플라톤식 근본주의에 입각한 저울질을 피할 수 없다. 그리고 근본주의는 우리 사회의 가장 유서 깊은 프레임이니까.

이것이 내가 장동빈 작가의 시집에 추천사를 쓰게 된 이유이다. 우리 사회뿐 아니라, 세계 곳곳에서 소위 '근본'을 찾는 행위는 아무런 저항감 없이 행해진다. 좋은 대학을 나오거나, 일가를 이룬 작가에게 추천을 받거나, 최소한 유명한 모 평론가의 호평이 없는 시는 눈 여겨 보려하지 않는다. 그런 작품이 유명해지면 한 때의 유행일 뿐, 곧 사라져 버릴 무가치한 것으로 치부한다. 시만 그러랴. 공부도, 직업도, 예술도, 심지어 공산품조차 모두 시스템 속에 들어와야 가치 있는 것으로 인정하는 사회. 그런 세상 속에서 자신만의 이야기를 만들어간다는 건 어지간한 용기로 할 수 있는 일이 아니다. 그런데 작가는 그런 일을 해낸다. 그것도 매일매일, 자신의 부끄러움과 자괴감과 두려움을 하나하나 살뜰하게 디뎌가며, 그걸 극복해 간다. 마치 알베르 카뮈의 시치푸스처럼. 모든 순간마다 상처 입으면서, 그 상처들을 핥고, 비비고, 긁어가며 새로운 시들을 쓴다. 그렇게 그의 시어들은 나의 심원에 스며들어 숨어 있는 동공(洞空)을 채우고, 일렁이는 아픔들을 위로한다. 어쩔 수 없이 그의 시에 기대게 만든다.

그의 시어들은 때로 성근 언어 자체로 등장한다. 글을 훈련한 사람이라면 어지간해서 쓰지 않을 명사형 동사들이나, 형용사들. 지나칠 정도로 설명적인 문장들. 때로는 따라가기 어려운 상징과 비약까지... 그 모든 것이 근본이 없는데서 솟아나는 버릇들이다. 중요한 건 그런 아쉬움들이 새로운 시를 쓸 때마다 자기만의 체계로 메워지고, 새로운 생명력으로 발전한다는 것이다. 그의 시는 그래서 어렵지 않다. 그의 시들은 현학으로 꾸미려 하는 어떤 흔적도 가지고 있지 않다. 그럼에도 한 결 같이 작가의 마음 속에 떠오른 심상들을 정갈하게 갈무리해간다. 쉽게 읽힌다고 쉽게 쓴 언어들이 아니라는 이야기다. 그의 시가 우리를 다정하게 어루만지는 이유다. 쉽게 읽히지만, 작가의 고민이 오롯이 전해지기 때문이다.

마음아마음아

높이 걸려있는 창문
마음보다 큰 심장이 띈다

주먹손으로
표정 없이 서서 눈을 감은채
나무보다 큰 아버지
멀리 서 있는 어머니
가지가 보이지 않는 키가 큰 나무
높은 담벼락이 감싸고 도는 집

집을 떠나려 한다
창문도
동백나무도
넓은 마당도 지우고

노란 대문 지나서 골목길 돌아
살아가련다
눈을 뜨고 손을 펴
나무에 앉은 새도 보고
하늘을 보며 그렇게

시인은 아버지와 어머니에 대한 기억부터 불러온다. 높이 걸려있는 창문은 마음보다 큰 심장을 뛰게 한다. 추억 속으로 일체의 여과장치 없이 곧장 뛰어든 시인의 눈에는 나무보다 큰 아버지가 있다. 높이 걸려있는 창문으로 가려져 가지가 채 보이지 않을 만큼 거대한 나무를 마주하고 있는데, 그 나무 속에 떠오르는 건 나무보다 큰 아버지의 모습니다. 직업 군인으로 퇴역할 만큼 높은 자리까지 올라가 본 사람의 마음 속에도 한국인의 아버지들이 드리우는 그림자의 음영은 사라지지 않는가보다. 그런데, 어머니는 멀리 서 있다. 철저한 주변인이다. 남편의 그늘 아래도 아니고, 남편의 보호 아래도 아니다. 자식을 지킬 수 있는 거리도 아니고, 자식의 눈 밖에 나는 자리도 아니다. 멀찍이 서서 거대한 가부장의 권세를 두려워 하며, 초조한 마음으로 자식을 바라보는 자리다. 시인의 기억속에 존재하는 집은 너무나 거대해서, 수십년의 세월을 벗어나려 했어노 어진히 그림자를 드리우는 높은 담벼락이 감싸고 도는 집이다.

이제 시인은 집을 떠나려 한다. 창문도 동백나무도 넓은 마당도 지우고, 노란 대문을 지나서, 골목길을 돈다. 골목길을 돌면 집이 가려진다. 집의 그림자도 더 이상 미치지 못한다. 아버지로 상징되는 거대한 나무가 사라진다.

이제 시인은 아버지의 거대한 그늘이 아닌, 자유로운 새가 날다가 쉬는 나무를 대한다. 3연까지 흐르던 압제는 사라진다. 그곳에는 새가 앉아 있다. 그래서 이번에 나타나는 나무는 아버지의 나무가 아니라, 시의 나무가 된다. 시인은 새가 되고, 자기가 날아 올라야 할 하늘을 본다. 눈을 뜨고 손을 펴 살아가려 한다.

쉽게 읽히지만 쉽지 않았을 신산스런 서사가 눈에 밟히는 시다. 분명한 건, 이제 시인이 결연히 자신의 삶을 향해 눈을 뜨고 있다는 사실이다.

뒷모습의 철학

떠나는 그 뒷모습을 바라보고 있노라면
시간은 마치 흐르지 않는 강물 같아,
오히려 내 발목을 붙잡는 것은 너의 흔적이다

함께했던 시간들은
이제는 돌이킬 수 없는 과거가 아니라,
지금 이 순간에도 가슴 속에 흐르는 현재다

뒷모습 속에서 나를 발견한다
멀어지는 네가 아니라,
붙잡고 싶지만 붙잡을 수 없는 마음을

너의 뒷모습은 거울이다.
내가 미처 보지 못했던 내면을 비추는,
침묵 속에 감춰진 고백을 반사하는.

네가 사라질수록 더 깊어진다
이별이란 사라짐이 아니라,
더욱 선명해지는 존재의 증명임을 깨닫는다

이제 너는 저 멀리 사라졌지만
나는 여전히 그 자리에서,
네 뒷모습의 여운을 긴 침묵처럼 끌어 안고 서 있다

　시인의 정서에서 가장 큰 몫을 차지하는 감정은 '상실감'일 것이다. 무릇 시란 가슴 속의 공백에서 시작되는 것이라지만, 장동빈 시인의 시에는 유독 상실감이 도처에 깔려있다. 그 상실감은 대체적으로 사랑하는 사람, 어린 시절의 가족, 혹은 그 자신의 삶이다. 너를 붙잡을 수 없는 만큼, 그 상실감은 (흐르지 않는) 붙박이가 되어 내 발목에 붙는다. 시간이 흐른다면 강물은 지나갈 것이고, 기억도 희미해지련만, 시간은 여전히 현재로 흐른다. 다만 그 시간 속에 네가 없을 뿐이다. 그래서 시인은 자꾸 떠나는 너를 반복해서 본다. 떠나는 사람이니, 그 모습도 뒷모습일 수 밖에 없다. 그런데, 그 뒷모습 속에는 시인 자신이 비춰진다. 고백하는 시인, 멈춰 있는 시인, 상실감에 움츠러든 시인이다. 의도적으로 정체를 드러내지 않는 너는 사랑하는 사람에서 재능, 욕망 등 다양한 층위로 변주될 수 있다. 시어 자체가 어렵지 않기 때문에, 그의 시를 읽는 독자들은 누구나 자신이 원하는 방향으로 해석하게 된다. 그래서 시인의 상실감은 모든 이의 상실과 닿게 된다.
　이 지점에서 시인이 의도하지 않았던 기적이 일어난다. 독자 스스로가 자신의 상실감을 위로받는 것이다.

불1
-불의언어

혀를 가지고 있다
혀는 언제나 젖어 있다

하지만 결국 타오르고,
식탁 위의 사과는
입맞춤 이후
붉게 멍들었다

어머니는 말없이 국을 끓였고
입 속에서 자라나,
말은 없지만, 타버린 이름

침묵은 재가 되고
재는, 가장 정직한 거울

따듯하게 품었고,
그리고 무릎을 잃었다

욕망은 주어지지 않고
오직 타오르는 틈만이,
그 틈에 눕고
밤마다 바뀌는 형체

불은 물을 사랑하지 않지만
끝내 물에서만 죽는다

젖어 있어야 발화가 가능한 혀는 당연히 언제나 젖어 있어야 한다. 그런데, 시인의 시에 등장하는 혀는 결국 타오르고 만다. 말 없는 어머니의 입 속에서 자라나 타버리는 이름. 끝내 발화하지 못한다는 것은 라캉식 표현으로 '충족되지 않는 욕구, 즉 욕망'이 된다. 그런데, 이 시에서는 그 욕망이 주어지지 않는다. 해소되지 않은 욕구가 아니라, 애초에 주어지지 않은 것. 그래서 욕망하고 싶어도 욕망할 수 없는 주변인의 모습이 된다. 이 모습은 주체(이 경우 남편, 혹은 남성적 상징계로 시스템화 된 사회 그 자체)의 주변에서 지속적으로 몸을 바꾼다. 몸을 바꾸지 않으면 살아남을 수 없다.

마지막 연에 이르면 '불은 물을 사랑하지 않지만 / 끝내 물에서만 죽는다'는 아이러니로 해소될 수 없는 욕망의 종언을 고한다. 사랑하지 않는 대상과 반드시 접촉해야만 하고, 그 접촉으로써 겨우 완결(혹은 죽음)하는 욕망. 이 쓸쓸한 자기 고백을 바라보고 있으면, 타자의 시건 속에서 자기 삶의 본질을 이어가지 못하는 수많은 우리들의 모습이 보인다.

철쭉꽃 가득 핀 정원을 거닐며
-가래떡과 철쭉의 양자역학

성당에서 산 가래떡
담백하게 한 입 베어무니
들려오는 어머니의 속삭임

입 안으로 스며들면,

철쭉 꽃 향기 가득한 시간의 정원

쌀가루가 방앗간에서 춤추듯 흘러나와
기억처럼 펼쳐지며
들기름 입고 쌓여가던 가래떡

쌀알 한 알 한 알이
부드럽게 빻아지며 뭉쳐지고 길어지는
엄마의 손길

방앗간은 엄니의 마음이 깃든
추억이 피어나는 정원
마지막 가래떡 한 입이 넘어가며
아련히 어루만져지는 바닥에 떨어진 꽃잎들

 그 상실과 해소되지 못하고 지리멸렬하는 욕망, 내 안에서, 혹은 우리 안에서 피어나지 못한 욕망들은 결국 어머니의 모습으로 귀결된다. 그래서 그의 시는 늘 현재와 과거가 동시에 존재한다. 시간이 없다고 선언하는 양자역학적 세계다. 무심코 먹은 한 입 가래떡만으로 시인은 시간을 역행하고 초월한다. 그 안에는 맛과 향과 더불어 엄마의 손길이 존재한다. 이미 사라진 온기가 아니라, 수시로 시인을 찾아와 떨게 만드는 현재적 기억이다.
 시인에게 양자역학적 시간은 양가적 가치를 지닌다. 즉 아물지 않는 상처이자, 동시에 스스로를 위로하는 추억의 화인(火印)이다. 상처와 위로는 동전의 양면이다. 상처가 없으면 위로도 필요가 없다. 위로가 없다면 상처 혼자 머물 수도 없다. 그러니까, 우리가 살면서 부대끼면서 껴안아야만 했던 모든 상처는 동시에 우리의 현재를 구원하는 위로가 된다. 어느 것도 별개로 떨어져 있을 수 없다.

장동빈 작가가 써 내려가는 그 수많은 시어들은 대부분 날 것 그대로이다. 애써 치장하지 않거나, 혹은 치장할 줄 모른다. 그래서 그의 시는 쉽다. 쉬우니까 읽힌다. 철학 책을 백 권은 읽어야 이해할 법한 상징이나, 작가 개인의 경험을 모르면 알 수 없는 은유, 맥락이 이어지지 않는 시적 구성이 없으니, 그의 시는 시라기보다 산문처럼 보이기도 한다. 율격의 엄한 장치가 없으니, 노래처럼 날아가지 않는다. 대신 잘 읽힌다. 잘 읽히니, 그의 상처는 곧장 나의 상처가 되고, 잘 읽히니 그의 위로는 그대로 나를 위한 위로가 되는 것이 아닐까.

근본 없는 사람들이 근본 없는 시를 쓰고, 근본 없는 시를 읽으며 낄낄 웃기도 하고, 추억에 잠기기도 하고, 아픈 기억에 울다가도, 또 근본 없는 손가락들을 모아 공감하고, 치유하며 함께 하는 세상.
나는 장동빈 작가의 시들을 대하며, 그런 생각을 한다. 무턱대고 아름다운 것만이 최선의 문학이라며 제자들을 계파 속에 몰아넣은 어느 친일 시인의 공허한 시어나, 시대의 아픔을 울어야만 시가 된다고 강박했던 어느 주류 작가들의 격렬한 시어와는 다를지라도, 누구나 자신의 언어를 길어 올릴 수 있을 거라 믿고 묵묵히 자기 상처와 싸운 사람의 시어 역시 세상에 남길만 하지 않은가 하고. 그런 시의 연대가 삼천리 금수강산을 잇고 이어, 근본 없는 이들이 흥겹게 나부끼는 세상이 와도 좋지 않은가 하고.

그래서 나는 장동빈 작가의 시가 좋다. 그의 쉽지만 가볍지 않은 시가, 내 마음에 스며드는 순간들이 좋다. 그리고 그런 즐거움을 더 많은 이들과 나누고 싶다. 그래서 이 글을 쓴다.

그의 시집에 실려 있는 다양한 시들을 제치고, 눈에 들어오는 몇 개의 시를 분석하는 것만으로 전체를 갈음할 수 있다고는 생각하지 않는다. 그럴 능력도 없거니와 그럴 생각도 없다. 다만, 몇 개의 시들을 통해, 그의 시가 닿는 곳을 살핌으로써, 그의 심상에 다가가는 열쇠가 될 수 있다면, 이 글이 의미 있는 행위일 것이다. 그럼에도 그의 시가 품고 있는 장대한 무엇을 놓쳤다면, 그건 전적으로 나의 무능 때문이다.

장동빈 시인의 두 번째 시집을 축하하며

미디어 아티스트/아마추어 철학 강사 **박상훈**

장동빈 시화집
선택하지 않은 것들의 선택

초판1쇄 인쇄 2025년 11월 22일
초판1쇄 발행 2025년 11월 30일

글쓴이 장동빈
그린이 공존
디자인·편집 공존
펴낸이 곽유찬

펴낸곳 레인북
출판등록 2019년 5월 14일 제 2019~000046호
주소 서울시 서대문구 홍은중앙로3길 9 102-1101호
이메일 lanebook@naver.com

ISBN 979-11-93265-66-6 03810

ⓒ 2025 장동빈
PRINTED IN KOREA

- 시여비는 레인북의 브랜드입니다.
- 책값은 표지 뒤쪽에 있습니다.
- 잘못된 책은 구입하신 서점에서 교환해드립니다.
- 이 책은 저작권법에 의하여 보호를 받는 저작물이므로 무단 전재와 복제를 금합니다.